U0030326

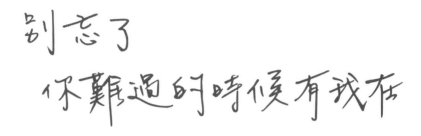

別忘了
你難過的時候有我在

RingRing ／著

# 目錄

自序

每個人都有心煩的時候，包含 RingRing，所以千萬別只看見我的樂觀，卻以為我從來也不慌。

RingRing 的誕生是生活中的一個小插曲，第一篇文章的創作，是因為當時低落的情緒，想藉著文字跟畫畫抒發，隨手拿起畫筆就簡單畫了小物，在上面寫了一段小語，還記得畫的第一個小物是個鈴鐺，也因為這個鈴鐺取名 RingRing，有發出聲音聲響的意思，就這麼開始了跟大家分享的旅程，希望在分享創作上將心情轉為共鳴之音。

RingRing 這個名字，還藏了一個小小含意，直接翻譯是「響響」，希望大家看了這些小語能多「想想」。還記得剛出社會的時候，覺得這世界有點不公平，情緒的處理還不算成熟，很多時候都會直覺性的煩躁，甚至還會慣性的負面思考，這也正是「焦慮與煩躁」的來源，想想或許我們花了太

自序

多時間煩惱，卻忘了把握當下與未來。

創作的過程中，最可怕的是對自己的懷疑與無力感，甚至有時候開始懷疑到底為了什麼創作……

雖然有很多人支持著，卻也會因為無法控制的事情，加重了生活中的失落感，這就是人生中很重要的課題之一，很喜歡這件事，但卻感到各種無力，慢慢剝奪原始的初衷，也許因為這些無力，更讓自己專注在如何成長，透過自己的力量去改變，創作的同時也希望自己跟著大家一起學習進步。

有天，收到了一封來自孤兒院小朋友的感謝信。因為剛好有個機會寫信給孤兒院的小朋友，於是在信上寫了一段話──「幸福，就是當你一無所有，還能珍惜所有。」這句話其實一開始是寫來勉勵自己的，剛畢業時花了太多時間抱怨這個世界，覺得為什麼同學都還沒開始工作，父母就已經買車、

買房給他們了，反觀我們卻是什麼都要靠自己努力。這可怕的想法糾纏自己好一陣子，直到後來把原本的埋怨轉化成感恩。至少現在可以透過自己努力，將來能選擇自己要的！只要持續努力，相信自己可以的！這個信念開始在心中萌芽。

慢慢的，學習不要去看自己手中沒有的，而眼裡都是別人擁有的。心態，永遠都是最強大的武器，有時候回想就算碰到再多的困難，最後也都是笑笑成了人生的舊檔案。

謝謝你們一路陪伴 RingRing 五年的時光，接下來會挑戰更多不一樣的自己，也許你也正陷入人生的憂愁，希望這本書可以給你不同的思考，再次勇敢的面對自己。

別忘了，你難過的時候還有我，一起努力的我們。

*Ring Ring*

偶爾會想起

偶爾會想起

你曾經因為朋友的疏遠而感到不知所措嗎？
你曾經因為感情讓自己的心情起伏不定嗎？
又或者簡單的說，你曾經因為別人而苦惱嗎？
相信絕大部分的人答案都是肯定的！

人與人的相處是每個人都會遇到的難題，
不是毫不保留付出，就可以獲得期望的回應，
所以才會在情感的路上受傷，
不過卻也因為受傷過，才能懂得什麼值得珍惜，
即使放下了，也還是偶爾會想起。

親情、友情或是愛情方面的困擾，

幾乎天天都會收到相關私訊，

RingRing 從大家的難題中找到一些共通點，

不論你現在遇到哪一種相處上的難題，

都能在這個章節裡找到一個答案。


先寫下一個你現在的心中關於情感的結，

然後再開始讀這個章節。

不常見面沒關係
見了面還是很熟悉

無法像以前一樣天天見面，
但彼此的感情已在過去累積，
沒有見面的時候依舊保持聯繫，
時時更新近況讓彼此沒有距離。

心的距離讓我們緊緊相依，
空間的距離不是問題，
彼此的近況都知悉，
每次見面還是聊得很開心。

好朋友就是那個
不希望你逞強的人

覺得累卻又不斷逞強，
只有你看得出來我在假裝，
跟我說累了就好好釋放，
在你面前不需要偽裝。

只能在你面前卸下武裝，
是休息也是累積能量，
謝謝你看穿我的逞強，
告訴我這裡是安全的地方。

不需要對所有人敞開心房

除非他也有把你放心上

好聽的話容易說，
真心付出不輕易給，
別急著用真心交換，
才發現對方是假面。

多相處也留心看，
確認對方居心何在，
別讓自己掏心掏肺，
換來滿身傷痕累累。

雖然看走眼是難免，
但每次受傷都會讓人更慧眼。

有些人不值得深交
離得遠遠的就好

我把你當成知己，
你卻能輕易把我放棄，
我以為這段友誼經得起考驗，
沒想到原來一碰就碎。

花了些時間放下心中在意，
即使想要深交都要彼此願意，
既然你不是如此真心，
就讓我們保持遙遠距離。

就算一個小小擁抱
也能將心煩暫往後拋

有些事，你安慰不了我，
但你會抱抱我，
有些事，我怎麼也想不透，
好險你還是會抱抱我。

無法用言語表達的情緒，
一個擁抱能傳遞更多，
如果你不知道該說什麼，
就緊緊的抱著我吧！

請相信我會陪著你
直到你勇敢不懷疑

未來的不確定讓人不安心，
需要更多的力量去相信，
這條路上你不孤單，
我願意一直陪著你。

幫你累積勇氣，
陪你找到信心，
即使不確定也不懷疑，
面對未來要勇敢與期待才行。

不強求有個人來愛

但仍相信世上有真愛

愛情是寧缺勿濫，
不該是隨便找個人來愛，
單身不代表沒人愛，
而是還沒遇到我願意付出的那個人。

沒有放棄相信愛，
只是單身的時候想好好愛自己，
遇到對的人，我仍會奮力去愛。

有些人離開了你的生活
會發現這才是最好的結果

人生總會經歷許多來來去去，
有些離開雲淡風輕，
有些失去刻骨銘心。

人生的每段曾經都是註定，
傷是為了讓你蛻變，
痛是在訓練你堅定，
或許過程很艱辛，
但這個當下就是最好的狀態，
而未來也必定會更好。

偶爾會想起他

但現在的我挺好的

剛分開時的想念，
想到的時候心會痛、淚會流，
放下後的想念，
想起的只是一種回憶，只是人生的片段。

沒有你之後，經歷過一段傷痛，
痛過了之後，沒有你的我依然能快樂。

少了你的甜蜜，我擁有了自由，
身旁空了的座位，會有人願意入座。

有時候覺得自己慢慢變老
開始不強求，凡事剛剛好就好

曾經對得失相當在意，
對於我們之間的距離只想要靠近，
只是走過人來人往，看過許多事情，
才知道剛剛好的距離更可以延續。

太遠顯得不夠親密，
太近卻又看得太明，
不過於強求，
自然而然就是最好的距離。

回憶記得太多
感情放得太重

當一切已成過去，
留下的回憶是前進的動力？
還是原地不動的枷鎖？

在回憶裡尋找曾經，
你會失去活在當下的能力，
太迷戀過去的美好，
卻忘了把現在過得更好。

理解一切已經過去，
好與不好都只是曾經，
不去想還能不能遇見當時的自己，
因為你本來就會改變，
而不是因為失去才變成現在的你。

夜裡的回憶
總有能力讓眼淚決堤

想要忘記的過去還在試著淡忘，
也知道要讓自己好好的，
每天還是努力好好過，
只有夜深人靜時刻，難免脆弱。

無法控制的回憶襲擊，
眼淚不自覺的滑落，
擦乾眼淚後對自己說，
放下沒有時程表也沒有特效藥。

只有繼續找到屬於自己的生活，
未來的某一刻開始，
回憶不會再讓眼淚流。

最恨跟你講心事
卻不被當一回事

想跟你說心事，
是一種對你的在乎，
想要你多知道我的事，
讓我們能將彼此的心交付，
但是害怕只有我把它當一回事。

學會了心事不是對誰都能說，
輕易給予真心會讓自己傷心，
需要彼此都同樣在意，
才能夠好好傾聽。

謝謝每個願意聽我說心事的你，
分享你的時間給我，對我如此關心，
對我說：
「有事別自己藏心裡，隨時有我聽你說。」

謝謝我的好朋友
讓生活有了出口

我們都知道人生只能自己承擔，
只是這過程中有太多難以負擔，
好險這一路上還有好友可以分擔。

有時候情緒需要有個出口可以說，
讓它不會一直在心中逗留，
雖然情緒宣洩後還是得面對，
但至少能獲得重新面對的勇氣。

謝謝我的好朋友，
人生路上總陪著我一起走，
雖然你總說幫不了我什麼，
其實知道不是孤單一人就足夠。

真心不見得換到誠意
但至少已經用盡全力

不是每一段付出都會獲得回應，
不是每一次真心都能換來深情，
但因為這樣封閉自己，
不就違背了自己真實的心意。

付出是因為就想對你好，
真心是想要用愛把你圍繞，
不想欺騙自己，也不強求你珍惜，
只是想誠實面對自己的心。

不被在意還是會感到失落，
不願珍惜是你的失去，
用盡全力後接受結果，
不會一直在你身邊躊躇。

有些人會讓我們心寒
搞得自己像是個笨蛋

總會遇過某些人，
跟你要好是因為你好用，
總會遇到某些事，
你一時難以理解怎麼會這樣，
這世界有太多人事物，
讓你不禁懷疑自己的價值觀。

有時候沒有對錯，
只是每個人的價值觀不同，
對他來說不是錯事不是做壞事，
只是不符合你的期待。

不要把自己氣得像個笨蛋，
那是你的天真浪漫，
人生一定要笨過幾次，
才能更深刻的認識這個世界。

謝謝你的離開
讓生活變得如此實在

曾經因為在乎，
縱使難熬還是放不開手，
而你狠心的轉身就走，
當下著實讓人難以承受。

你離開後歷經痛苦折磨，
幸好最終還是熬過，
回頭看，對你的感謝比怨恨多，
謝謝你的離開讓我重新找回自我。

當一段關係只剩下強求，
不放手也不會長久，
痛過之後再好好復活，
下一段幸福才會在未來降落。

好朋友會因為你的堅強
希望多給你一點點力量

不習慣表現軟弱，
每次都說「我沒事」，
認為堅強是一種生存之道，
只是過了頭就變成逞強。

當你看見我的擔憂，
不戳破卻默默守候，
當你感受到我的懦弱，
不多說卻拉著我不讓我墜落。

謝謝你看穿我的逞強，
用你的方式給我力量，
或許你覺得沒做什麼，
對我來說是幫助我熬過的推手。

別辜負了真心
因為可能是他人的艱辛

要對一個人付出真心，
是多麼需要勇氣的事情，
縱使無法收下對方的心意，
也不要輕易踐踏別人的用心，
好好的歸還，讓對方還能有一點勇氣。

我們不想被傷透心，
那也不要去傷別人的心，
面對別人的付出，
不要因為害怕拒絕，而默默接受，
最終會變成更巨大的黑洞。

我最幸運的事
就是在你心裡有個位置

忙碌的生活裡要分給太多，
家人、朋友、工作，還得留一些給自己，
即使全都想顧好，
還是會有優先順序與取捨。

收到你的珍惜跟在乎是多麼難得，
謝謝你在有限的時間裡頭，
願意花時間給我，
雖然對你來說是如此自然而然的。

去珍惜那些把我放在心上的人，
一個人的心能乘載的有限，
而你留了個位置給我。

「RingRing 今天是我們認識滿四年的日子,

我把你跟我說過的話,都整理出來放在記事本裡!」

這是一個粉絲特別私訊給 RingRing 的內容,

看到他傳來特別用 app 紀錄認識 RingRing 的天數,

還有所有 RingRing 回覆給他的回應彙整的截圖,內心滿是感動。


從一開始因為人生遇到困境而來跟 RingRing 說說話,

到後來也跟 RingRing 分享著生活帶來的感受跟人生規畫,

就像是朋友般的偶爾私訊 RingRing。

從沒想過會因為這樣而參與著一個人的人生，

看著一個人成長路上的轉變。


不論任何年紀在人生旅程中，都是不斷闖關的過程，

有些感受更是每個階段都必須重新面對的，

在這一個章節裡，撰寫了不時會出現的人生感受，

與人生過程中想要帶給你的力量，

希望陪著大家在跟人生大魔王對抗的時候，

先戰勝自己內心的小魔鬼。

學著解決問題
而不只是挑出問題

現實總無法讓人稱心如意，
必定要面對許多問題，
發現問題只是開端，
解決問題才是關鍵。

發現了卻不解決，
問題一直存在，只能停在原地。
看見了設法處理，
推開阻礙，努力才有意義。

人生就是要不斷升級
才有辦法解決大小難題

事情解決一件，又來一件，
沒有片刻能夠好好喘息，
但是人生經驗就是這些過程的積累，
功力愈高強，遇到的問題愈艱難。

人生就像在打怪，
被打敗，還是可以選擇再重來，
戰勝了，就能夠更接近終點站，
經驗值是別人帶不走的成果，
遇到的難關是為了走向巔峰。

為了自己的人生努力
再苦再累都不會放棄

小時候爸媽總是很辛苦，
為了我們再累也撐下去，
長大之後覺得人生好苦，
終於明白生活很不容易。

但是再累也無法放棄，
如果投降人生就失去，
努力不一定有對等回報，
不努力更不可能有奇蹟。

為了自己人生努力，
付出就會有意義，
不能輕言放棄，
未來值得你拚命。

不需要所有人理解
只要在乎的人了解

有些事無法顧及所有人想法，
這世界存在太多既有的認定，
好像人生只存在一種邏輯，
解釋也不一定能被理解，
只是別忘了讓在乎的人懂你。

時間能證明你是怎樣的人，
真正的你也只需要讓在乎的人了解，
而那些願意了解你的人，
才值得你去在乎。

聽不完的酸言酸語
過得好就是有力反擊

不懂為何總有人評論別人行為，
不論什麼行為都有話說，
不懂為何總有人評價別人生活，
不論怎麼生活都要批評。

面對這些閒言閒語，
認真了就是折磨自己，
不把這些話放進心裡，
過好自己的人生就是最好的反擊。

再正向樂觀的人
都會有悲傷難忍

再開心的人，都會有難過的時候，
再樂觀的人，也會難免陷入低潮，
不是不能有負面情緒，
而是要學著排解與放下。

難過不需要隱藏，
低潮不需要躲藏，
這些都是人會有的情緒，
要學會釋放，別一直往心裡放。

負面會讓人退縮
面對才能勇敢擺脫

我們都會遇到難題，
只是我們解法不同。
你總是還沒面對就先說不行，
又如何知道自己的能耐夠不夠。

難題不解只是一時逃過，
解決難題才是真正擺脫，
我們都不是超人，
但能盡我所能。

長期的壓迫不能喘息
短暫的抽離不是逃避

覺得事情沒有解決就不放過自己，
即使想不出來，也要把自己困在那裡，
愈是如此，腦子愈無法再思考仔細。

短暫的抽離是讓自己清醒，
不要連一時半刻都不給自己喘息，
用力吸一口新鮮空氣，思緒才會清晰。

當你困在問題裡，就別苦苦相逼，
讓自己稍微輕鬆一下，不是逃避，
反而才有脫困的能力。

現實生活不斷消耗能量
找到方法重新儲存力量

對生活感到厭倦是正常的，
對現實感到無力是必定的，
偶爾被不想上班的情緒襲擊，
偶爾出現想逃離一切的念頭，
日復一日的消磨自己，
能量會一點一滴流失。

不論有多想要逃離這瘋狂世界，
最終都還是得乖乖面對，
記得在讓你感到無力的生活外，
找到能累積力量的事情。

也許是一場可以狂歡的演唱會，
也許是一次跟好友暢聊的聚會，
每個人都會有自己獨特的方式，
讓自己重新儲存面對現實的力量。

決定想要的方向
義無反顧的前往

未來的方向不好找，
需要不斷嘗試去自我認識，
你必定能找到想走的方向。

即使前方驚濤駭浪，
只要知道這是對的方向，
你就要收起膽怯去衝撞。

你的人生該有你的夢想，
而不是活在別人的想像。

不要輕易滿足現況
因為可能會成為你的狂妄

這世界改變的腳步太快，
沒有可以一勞永逸的作法，
即使現在擁有不錯的成果，
不代表你能一直坐擁這樣的豐碩。

不因眼前的收穫感到自滿，
那是你先前累積來的成果，
當你不再為將來鋪路，
有一天你會因為這段怠惰而受阻。

你可能覺得這樣就很好，
但要維持一直都這麼好，
其實是要付出更多的辛勞，
保持跟進步都需要加倍的付出，
一成不變的做法與投入只會讓人退步。

別老是嫌麻煩
卻忘了去挑戰

面對問題，解法常常不只一個，
是想要解決當下而已，
還是為了將來布局。

快速的解法很容易想到，
只是很快會遇到下一個問題，
常常覺得哪來這麼多難題，
其實是因為自己不夠深思熟慮。

如果想不到，可以跟旁人請教，
不要逃避思考，自己理解才是真的有效，
想遠一點是件麻煩的事情，
但思考愈全面，未來會愈好適應、愈有彈性。

別習慣放棄
好命不是靠運氣

沒有天生的好命，
未來的命運掌握在自己手裡，
唯有突破重重難關，
才可能在未來優閒一點。

人生是很現實的，
當你習慣找輕鬆的事來做，
艱難的事仍然會在後面等你。
當你每次都願意挑戰難關，
面對困難就能愈來愈得心應手。

別看著別人的愜意，覺得他真好命，
在輕鬆自在的背後，他必定付出過努力。

抱怨會成為負能量
讓自己變得鏽鍊較重

遇到氣憤的事，宣洩情緒總是比較容易，
遇到傻眼的人，咒罵幾句覺得比較過癮，
抱怨不是不行，只是會讓人更陷入糟糕情緒。

當你太多抱怨，你會更加怨懟，
當你只剩抱怨，怨念會加深崩潰，
情緒在所難免，解決才是真的去面對。

思考過程中哪裡出了問題，
尋找避免再次發生的邏輯，
讓走過的經歷化為成長的養分，
而不是只帶來當下情緒的怨恨。

生活已經那麼累
就別再輕易流淚

情緒看似無法控制，
其實心境能牽引它的起伏，
沒有誰的人生隨時充滿鬥志，
因為每個人都有自己的疲憊痛苦。

我們改變不了現實的殘忍，
但可以轉換看世界的眼神，
每一次的受傷都能是種成長，
每一次的背叛可能是種救贖。

相信每件事發生都有它的原因，
而目的都是為了讓我們變好，
即使經歷的當下有點難熬，
這個信念能讓你安心不少。
知道接下來會變得更好，
就不會一直讓眼淚流。

有時候再怎麼努力
心依舊會感到無力

我知道你已經拚盡全力，
只是結果不盡人意，
忍不住負面情緒往心裡去，
不要壓抑，想哭就放聲哭泣。

失望是在所難免的情緒，
重新振作是要學會的習題，
挫折總是接二連三來襲，
做好心理準備，復原也會比較容易。

我們都會感到無力，甚至想放棄，
試著想想遠方的風景，
這些崎嶇路途的終點是光明。

不怕面對人生挫折
因為傷口終究會癒合

不想受傷，所以選擇停在安全的地方，
但人生沒有永遠的避風港。
不想承擔，所以未來模樣只能夠想像，
但時間不會停下來等你空想。

受傷讓你學會怎麼療傷，
承擔讓你變得更有肩膀，
不要因為害怕而選擇躲藏，
這樣反而會將自己綑綁。

勇敢跟難題對抗，
讓面對變成一種平常，
不是為了得到別人讚揚，
而是讓自己活得坦蕩。

有些事不想再想起
是因為不想活在嘆息裡

不想一直提到過去，
因為那是改變不了的曾經，
也許心中還沒有完全忘記，
但我知道我在努力。

停在後悔的情緒，會讓人感到窒息，
人生難免有遺憾，但不用活在遺憾裡，
讓不想提起的回憶成為前進的動力，
直到有天再想起不會只有嘆息。

成為更好的自己，就能感謝那段過去，
活出想要的生活，回憶就不會是人生禁區。

有時候覺得累
多希望有人安慰

我們都知道人生只能自己面對，
只是有時候現實讓人覺得好累，
不是真的想要找個人靠，
只是需要幾句話把快倒了的我抓牢。

我們都要學會不讓自己太過逞強，
你是否也習慣拒絕別人的安慰，想要自己扛，
試著偶爾一次，靠在別人肩上讓眼淚釋放，
心情的鬆綁會讓你重新獲得力量。

不要忽略心中的求救訊號，
也不要害怕表現你的脆弱，
讓你的心安好、停止在不安裡動搖，
不再擔心自己滾落，才能夠再次振作。

就算苦也從來不怕輸
因為它讓生活有了溫度

原先對人生的認定，
就是每件事只有成功跟失敗兩種結果，
其實人生是一趟旅程，
現在經歷的都只是過程。

不要用事件的成敗論定自己，
這趟旅程的目的是打造你的劇場，
驚濤駭浪、起起伏伏的篇章，
讓你的專屬故事更加入迷。

苦澀會帶來甜美，
輸贏不會是永遠，
嘗遍各種人生滋味，

有溫度的故事更值得展現。

沒有突破就不對勁

## 沒有突破就不對勁

「你知道以後會變怎樣嗎？」
「未來的事我怎麼會知道！」
看到這個對話，你內心的感受是什麼？
對於未知的以後你是期待得多？還是擔心得多？

RingRing 跟你們一樣對未來有著不安的情緒，
在這過程中不斷的自我對話，
發現信念可以形成一股勇敢的力量。
未來很現實的，現在付出多少決定以後的模樣

十年後的自己會變成什麼模樣，看看現在的自己就知道，
任何時候開始行動都不嫌晚，關鍵是決心有多大。

我們都為了自己的未來拼命著，
這條路上你不是孤單的，
當你有點累了、當你感到無力了，
試著翻翻這個章節，有個人跟你經歷著相同的過程，
也正在努力突破，或許有點辛苦、有點為難自己，
但想著勾勒出來的未來，會到達的。

對不起 世界這麼有趣
我沒有時間生氣

壞情緒會蒙蔽你的心，
讓你看不見身邊的美麗，
不把時間花在生氣，
用好心情享受生活的樂趣，

有不開心的事情擾亂你，
就去做點開心的事情。
有不喜歡的人圍繞你，
就找你喜歡的人去靠近。

偶爾抱怨不是想放棄
宣洩過後才能有戰力

現實壓力有點大，事情太多有點累，
雖然努力面對，但不免偶爾抱怨，
不要對我說教，只是想要宣洩。

沒有想放棄，更不是要逃避，
宣洩只是釋放心中負面情緒，
一覺睡醒，還是會重新儲存戰力，
繼續面對前方重重難題。

一時間無法放下
但努力不被回憶綁架

我知道該把過去放下，
卻無法控制自己不去想起，
每當現實不那麼順心，
就會想起當初的單純有多美麗。

再給我一點時間，
會讓現在過得比回憶有趣，
再給我一點時間，
讓失去不會只有後悔來襲。

不需要強迫自己忘記，
因為真正忘記是自然而然不會再想起。

把曾經的回憶封箱
不再讓生活沒有方向

刻骨銘心的過去，
一直放在心上回憶，
卻忘了當下更需要珍惜。

再捨不得都要封箱回憶，
不再牽絆自己前行，
該找回生活的節奏，
才能通往值得期待的未來。

選擇沒有對錯
只有盡力去做

人生有太多選擇題，
每一次的選擇都不是容易的事情，
選擇過後總會在想，
如果選了另一個選項又會是怎樣。

選擇沒有完美，
所以另一個選項也會有它的不好，
既然選了就不多想，
盡力去做不讓自己感到懊悔。

起跑點落後沒關係
不到終點絕不放棄

家境不富裕，不代表一輩子比人窮，
學歷不突出，不代表一輩子被看輕。
不因為自己的條件，
就放棄相信自己的信念。

成功的關鍵在於知道目標在哪裡，
成功的要領在於堅持與耐性。
不花時間只做夢，
而是捲起袖子實作。

人生不是短跑，
而是一場漫長的馬拉松。

不要害怕改變
因為絕不能被看扁

當你對現況感到不滿，
逃避只會讓不滿加劇，
抱怨更會讓情緒滿載，
唯有改變才能扭轉現狀。

改變不會馬上變好，
但有所行動才知道如何調整方向，
當你有勇氣改變，
就沒人敢輕易把你看扁，
當你有勇氣改變，
就不用害怕被現況困住不前。

看見以後別人生活一成不變
你會真心感謝現在自己努力改變

要記住人生沒有早知道，
時間過去就回頭不了，
現在只想追求小確幸，
未來如果不幸就只剩接受。

上天有很多不公平，
唯一的公平是時間，
你把時間花在哪裡，
決定你能獲得什麼樣的未來。

改變永遠不嫌太晚，
只是愈晚改變愈難轉變。

早已忘了是變得堅強
還是早已習慣逞強

生活總要我們堅強，
即使脆弱也不敢張揚，
以為勇敢就能前進，
偶爾還是會失去信心。

也許只是逞強，
但不想失去對未來的希望，
伸手把夢想抓緊，
縱使生活艱難還是能充滿幹勁。

折磨的過程
是養分的累積

平順的人生，突來的衝擊可能把你擊垮，
艱困的人生，不斷的訓練可以讓你堅強。

當你成功的迎接每一個難關，
代表你為自己注入新的能量。

每一次挑戰中你學會的能力，
未來的某個時刻都可能用上！

其實你沒有這麼慘
時間是最好的資產

當下的艱困讓自己覺得人生好慘，
因為痛苦的感受總是難熬，
跳脫出來看，其實每個人都有自己的困境，
你沒有自己認為的那麼慘。

把人生的時間軸拉長一點看，
回頭看走過的那些曾經，
現在已經不那麼難受，
往前想像即將迎接的未來，
撐過現在就能夠笑得燦爛。

世界充滿競爭
但這就是人生

過往時代變化速度慢，
一個方法一種技能可以使用幾個年代，
現在時代改變速度日漸加快，
無法只做好一件事情，
不能只完成眼前任務就安心。

要在競爭中挑戰成功，
才有辦法維持安穩，
要在改變中站穩腳步，
才有可能不被世界淘汰。

不是你想過怎樣的人生就可以，
想要擁有掌握生活的權力，
你需要先具備戰勝的競爭實力。

夢想或許是奢望
保持不怕失敗的前往

小時候以為夢想就在前方，
長大才明白現實那麼不簡單，
沒有要放棄夢想的追尋，
只是明白這過程並不容易。

夢想不在觸手可及的地方，
需要經歷無數次失敗的挑戰，
耐心跟堅持是最佳後盾，
持續前進會看見夢想變得清晰。

只要你不先投降，
未來的模樣就能如你想像。

不要花時間找藉口
那只會讓機會無形溜走

面對沒做好的事情，
不要先急著找藉口推託，
只在乎要先說錯不在我，
愈急著想要擺脫，
反而會讓人覺得無法信任更多。

我們都知道失敗是常態，
要能夠勇於承擔結果，
成功的大門才會為你敞開，
不閃躲的面對事情，機會就能被你掌握。

目標讓人充滿勁
沒有突破就不對勁

我們都曾在人生裡失望，
差一點就要把未來埋葬，
重新找到心中那個渴望，
自然就能充滿力量。

找到人生目標很重要，
目標能在驚濤駭浪中把你抓牢，
雖然過程顛簸也不會動搖，
因為你就是想投入夢想的懷抱。

想擁有的未來無關乎是否富有，
而是你想為了它拚鬥，
不怕有任何阻撓，這過程就像在尋寶。

有些事沒有然後
錯過後只剩結果

一時的逃避想著以後再說，
結果時間在這過程中偷偷溜走，
有些事錯過無法回頭，
只能帶著遺憾接受結果。

我們都曾經錯過，
那往往已經是改變不了的。
帶著心中遺憾往未來走，
能做的只有讓遺憾不再變多。

改掉以為逃避是捷徑的壞習慣，
情願當下煎熬面對，
也不讓後悔在未來時光裡糾纏。

時間有時候很殘忍
很多事讓你不得不承認

時間可以幫助我們淡忘一些回憶，
也可以讓我們證明一些事情，
分秒流逝的過程，就是一種考驗。

用時間去驗證一個人，
看穿他的內心，看清他是否言行合一，
用時間去明白一件事情，
看破心中執著，看透現實的殘酷真相。

經歷這樣的過程看似殘忍，
但明白之後未來會不再如此悲憤，
因為很多事已經先體認。

想要隨時仰望
都覺得充滿希望

對未來你是有點絕望，
還是保有一點希望。
絕望不是未來給你的，
是你現在的生活帶來的，
想要擺脫絕望，就不要一直躲在原地張望。

起身去找那道你想追尋的光芒，
就能擁有對抗困境的力量，
埋首努力的時候也能被照亮。

請讓抬起頭的時刻，不是害怕想投降，
而是在遙望遠方光芒，知道自己在變強。

讓未來充滿想像
而不是抱怨假象

抱怨這時代沒有前景，
為自己找一個不用那麼拚命的理由，
再不好的環境都有人能突破困境，
你能選擇拚命，也能繼續逃走。

不同的人生態度影響的不只是結果，
而是當下的生活好不好過。
相信未來還是有希望的信念，
眼前的苦都能變成甜，
還是只剩下抱怨在蔓延，
讓自己的人生過得很隨便。

學著因渴望前行
而不因貪婪前進

起心動念的想法不同，
會影響每個抉擇的路口，
只是貪圖眼前的小利，
還是想要成就未來的一片天空，
會決定當下的你能承受多重。

貪婪沒有極限，
容易讓自己找不到界線，
即使前進也可能在未知裡淪陷。
渴望遵循信念，
知道自己的價值觀在體現，
前行的路上辛苦也甘願，
奉獻的一切也感覺耀眼。

有時不用強迫自己轉念

「RingRing 好久不見，好久沒有私訊你了，

我換了新的帳號，只是想跟你說，現在的我很好！」

每每收到許久沒有私訊的粉絲，

特別寫來告訴 RingRing 近況，都會讓人感到欣慰，

能陪伴著大家走過難熬的那段時光，

也是這一路以來能堅持著的原因之一。

常常會有人說：「RingRing 怎麼又說中我今天的心情」，

其實 RingRing 在心中大喊著「謝謝你也懂我」，

不論身邊是否有人陪伴，

很多感受跟困難終究還是只能自己面對，
最需要的就是為自己加滿油。

常常聽到最大的敵人就是自己，
因為自己的想法最直接影響了自己行為，
最終會決定結果往哪裡走，
不是一直提醒自己轉念，而是找到心中的信念。
當你又對自己感到迷惘，試著翻閱這個章節，
一次次的重新找到自己，你就能越來越強大。

人生很複雜
但心一定要簡單

想要一個簡單的人生，
根本是不可能的事，
因為人生就是如此複雜。
能控制的只有你的心，
想用怎樣的角度看，
只要你的心依舊簡單，
你仍然可以擁有一個不複雜的世界。

無法控制說話的語氣
沉默以對等情緒過去

我們都知道，氣話不要輕易說，
只是沒想到，生氣當下難控制，
說出口的話，無法收回，
尷尬的場面，也難收拾。

如果無法控制情緒，
就先不要急著回應，
與其說出傷人的話，
不如等彼此情緒回穩。

我們都會有脾氣，
但不該對別人出氣。

不要總是要求自己完美
卻忘了自己有很多優點

我們無法每件事都做得完美，
不完美的部分可以摧毀你，
卻也可以給你進步的方向。

不要因為錯誤就否定自己，
還有很多部分，你已經做得很好。

如果不喜歡現在的自己
就努力變成喜歡的自己

對自己總是不滿意，
老是嫌東嫌西沒自信，
不做改變就會繼續討厭自己，
何不付出行動變成更好的你。

不可能一次到位的改變，
但可以循序漸進的努力，
只要一點一滴的不同，
最後就會累積成你會喜歡的自己。

再堅強總會軟弱
這一刻只想順著心走

人生路途有太多包袱，
總是需要理性判斷，
更是需要堅強偽裝。

只是過程的挫敗襲來，
會讓人暫時想卸下包袱，
不去思考怎樣做才是對的，
只想順著心做自己想做的。

我們總是很努力熬
努力讓自己越變越好

拚了全力還在做，
因為知道實力還不夠。
受了委屈不敢說，
因為還沒能夠熬出頭。

縱使知道現實的殘忍，
還是不想就這樣認輸，
繼續努力去拚搏，
相信自己還能夠更好。

刻骨銘心的傷痛難復原
卻也帶來同理心的了解

沒有經歷過，
你不會知道那有多痛，
沒有真痛過，
你不會懂為什麼傷痛總在心中。

把別話說得太輕鬆，
先靜靜聽我說，
試會理解不需要說太多。

不讓任何人糟蹋你的好
珍惜的人會把你當個寶

不需要當個濫好人，
任誰都能擁有你的好，
對於那些只是偶爾干擾，
不是真心珍惜你的好，
又何必滿足他片刻的需要。

你的付出很珍貴，
珍惜的人才知道，
與其勞心勞力卻像是在乞討，
不如全心全意對懂得的人好，
會有人把你當個寶，
不需要對所有人好！

真正為你好的人
說的話也許殘忍

說好聽的話很簡單，
因為知道對方聽了會開心，
實話實說就不容易，
因為真話往往會刺傷對方的心。

珍惜身旁說真話的人，
代表他真的希望你變好，
不是只想要哄你開心。

真話也許殘忍，
卻是如此真實，
勇敢的去面對真相，
才不會一直活在假象裡。

神經大條其實也不錯
至少可以少一點煩惱

朋友說我傻乎乎，
我只是不想鑽牛角尖，
朋友說我老是無所謂，
我只是想要快樂多一點。

在意太多小事情，
心裡容易不喜悅，
很多事情不掛心，
煩惱也會少一些。

不要為了討好別人
最後連自己都看不起

沒有人想要被討厭，
但我們不可能讓所有人都喜歡，
不要為了表面的和樂，
不斷的討好迎合別人。

那些因為討好而獲得的，
大多都是短暫的假象，
會讓人分不清什麼才是真實的自己。
那些因為迎合而靠近的，
大多都是淺短的緣分，
交集變少後彼此也只會漸行漸遠而已。

我們最該討好的是自己，
傾聽自己的心、認識真實的自己，
溫柔而有力量的做你自己，
懂你的人會自然變得親近。

生活難免有孤獨
學習一個人獨處。

內心總是害怕孤單，
覺得一個人的時光很悲慘，
習慣找人填滿所有空白，
卻變得更害怕跟自己相處。

獨處沒有想像的這麼難，
一個人的時間也可以很精采。
能夠適時的放下面具，
輕鬆自在的做你自己，
想笑就笑、想哭就哭。
能夠偶爾自己安靜待著，
思緒不被外界聲音干擾，
才能慢慢找到內心答案。

不要抗拒孤獨，因為不可能一直有人作伴，
學會和自己相處，獨處時光會讓你更加勇敢。

難過不想告訴別人
我想我還可以忍忍

不敢把負面情緒說出來，
害怕造成別人的麻煩，
覺得自己還有辦法扛。
用理智告訴自己多忍讓，
卻不知道內心已經超載、快缺氧。

不是只要難過就大聲張揚，
而是懂得適度的釋放，
事情藏在心裡會亂想。
不論是情緒抒發還是聽別人講講，
找個信任的人聊一聊，
別自己躲在黑暗牆角。

有時不用強迫自己轉念
短暫的痛苦也是種體驗

很多事情轉個念，
心情就能好一點，
只是在轉念之前，
真實的情緒不用太過遮掩。

不可能當下就說服自己沒關係，
憤怒、難過、悲傷、難以置信的感受，
不用逼著自己去抽離，
宣洩、面對再慢慢放下，
才不會過度壓抑有天大爆發。

經歷痛苦、學會釋放，
未來再遇到，才不會每次都重傷。

對不起我不想逞強
習慣了自我偽裝

習慣說「我沒事」，
以為學會自己扛才是成長，
卻沒想到會讓自己先受傷。

逞強不是真的堅強，
只是一種慣性假裝，
以為裝久了就能變成真的，
卻可能會先承受不了。

放下你的自我武裝，
堅強要走過事件後慢慢累積，
扛不住就先找個力量，
在過程中讓自己的強大逐漸升級。

你想奪走我的微笑
我沒有你想得如此弱小

被擊倒了嗎？
不，我已經變得比想像中強壯。

走過幾個困難關卡，
嘗過幾次苦澀味道，
體會生活總是跌跌撞撞，
心智變得強大，再遇到就能笑著去闖。

不是不會害怕，
只是笑容能給我力量，
明白這一切經歷都能使我茁壯，
過程的苦就不再那麼難熬。

別把自己搞得像超人
最後卻是滿滿的鬱悶

不喜歡抱怨，
也不追求每個人都理解，
單純想先把事情做好，
最後卻變成吃力不討好。

我們的時間和精力有限，
想幫忙別人之前，
要先讓自己強大一點。

有足夠的力量，
才有辦法抵擋現實的考驗。
別讓自己付出一切，
還換來別人的誤解。

不想被人瞧不起
就先學會愛自己

沒有人瞧不起你，
而是自己覺得被看不起，
自卑的想法在流竄，
會放大別人的評斷，
自己的心變得更混亂。

沒有這麼多人在意你的人生，
也不要只期待別人的掌聲。
先找到自己想成為怎樣的人，
努力改變、調整自己變好的過程，
會讓你的信心加分。

愛自己不是口號，
也不會喊喊就能做到。

不要害怕一路跌跌撞撞
漸漸你會有了自己的形狀

回頭看過往的自己，
是否發現已經不一樣。

喜好改變了、想法調整了，
價值觀不同了，待人處事的態度也轉換了。
連自己都沒想過，會變成現在的模樣。

每個階段的自己不會全然相同，
人生經歷的大小事情，
會帶來微小或巨大的衝擊，
現在的你永遠是最好的狀態，
因為走過的一切會幫你找到當下想成為的自己。

幸福就是
開始喜歡上現在的自己

所謂的幸福，
不是有沒有人作伴，
幸福是一種心理狀態，
不需要靠別人帶來光采。

學會對自己好一點，
笑著的時間才能多一些，
找到自己想要的生活，
快樂的感覺比較不容易散。

當你開始感謝生活裡某些存在，
當你每天醒來對自己感覺喜愛，
幸福人生就已經展開。

別忘了
你難過的時候有我在

作　　　者／RINGRING
美 術 編 輯／申朗設計
企畫選書人／賈俊國

總　編　輯／賈俊國
副 總 編 輯／蘇士尹
編　　　輯／高懿萩
行 銷 企 畫／張莉榮‧廖可筠‧蕭羽猜

發 行 人／何飛鵬
法 律 顧 問／元禾法律事務所王子文律師
出　　　　版／布克文化出版事業部
　　　　　　　台北市中山區民生東路二段 141 號 8 樓
　　　　　　　電話：(02)2500-7008　傳真：(02)2502-7676
　　　　　　　Email：sbooker.service@cite.com.tw
發　　　　行／英屬蓋曼群島商家庭傳媒股份有限公司城邦分公司
　　　　　　　台北市中山區民生東路二段 141 號 2 樓
　　　　　　　書虫客服服務專線：(02)2500-7718；2500-7719
　　　　　　　24 小時傳真專線：(02)2500-1990；2500-1991
　　　　　　　劃撥帳號：19863813；戶名：書虫股份有限公司
　　　　　　　讀者服務信箱：service@readingclub.com.tw
香港發行所／城邦（香港）出版集團有限公司
　　　　　　　香港灣仔駱克道 193 號東超商業中心 1 樓
　　　　　　　電話：+852-2508-6231　傳真：+852-2578-9337
　　　　　　　Email：hkcite@biznetvigator.com
馬新發行所／城邦（馬新）出版集團 Cité (M) Sdn. Bhd.
　　　　　　　41, Jalan Radin Anum, Bandar Baru Sri Petaling,
　　　　　　　57000 Kuala Lumpur, Malaysia
　　　　　　　電話：+603- 9057-8822　　傳真：+603- 9057-6622
　　　　　　　Email：cite@cite.com.my
印　　　　刷／韋懋實業有限公司
初　　　　版／2019 年 10 月　　　2021 年 4 月初版 5.5 刷
售　　　價／300 元
Ｉ Ｓ Ｂ Ｎ／978-986-5405-17-5

城邦讀書花園　布克文化
www.cite.com.tw　WWW.SBOOKER.COM.TW